Daniela Bolze

Verladetraining für Pferd und Reiter

So klappt es auch ohne Stress

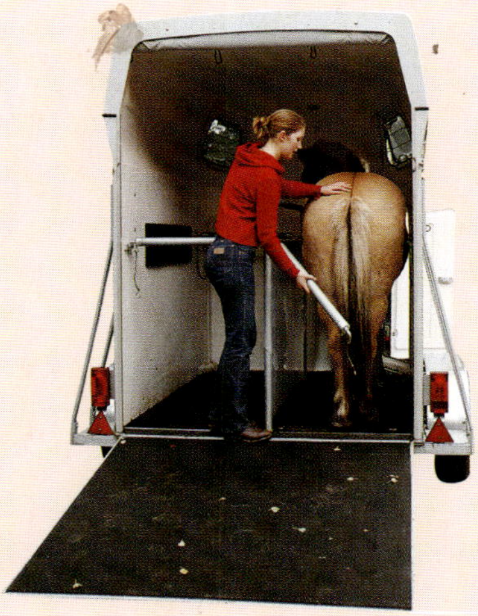

CADMOS
PFERDEBÜCHER

Inhalt

Impressum

Gestaltung und Satz: Ravenstein Brain Pool
Titelfotos und Innenfotos:
Kristina Wedekind
Druck: Westermann Druck, Zwickau

Printed in Germany.

ISBN 3-86127-260-1

Dieses Pferd verlädt sich praktisch alleine. Keine Zauberei, sondern fachkundiges Training – und Wunschtraum vieler Reiter.

Pferde verladen ohne Stress

Ihr Pferd lässt sich also ungern oder gar nicht verladen – sonst hätten Sie dieses Büchlein kaum aufgeschlagen. Falls es Sie beruhigt: Damit stehen Sie nicht alleine da. Pferde zu verladen scheint eines der letzten echten Abenteuer in der Pferdeszene zu sein – egal in welcher Sparte. Wobei die Sport- und Turnierreiter in diesem Bereich meist die größere Erfahrung haben und damit sowohl positive als auch negative Erlebnisse, da sie ihre Pferde schlicht häufiger transportieren müssen.

Doch selbst absolute Gegner des Transportierens müssen sich irgendwann mit diesem Thema auseinandersetzen. Sie haben Angst vor dem größeren Verletzungsrisiko, vor Kamikazefahrern, die immer wieder Gespanne in schwere und zum Teil sogar tödliche Unfälle verwickeln. Und es ist wahr: Pferde auf öffentlichen Straßen in einem Anhänger zu transportieren, bedeutet ein erhöhtes Risiko für Mensch und Tier – wie auch das Reiten auf solchen Straßen überhaupt. Jeder, der sich mit Pferden beschäftigt, und erst recht der Eigentümer, sollte sich mit diesem Thema auseinandersetzen, weil jedes Pferd irgendwann in seinem Leben transportiert werden muss: zum neuen Heimatstall nach einem Umzug oder Verkauf, zum Turnier, dem Wander- oder Osterritt oder schlimmstenfalls unter Schmerzen in eine Klinik. Wer erst in diesem Moment mit dem Verladen beginnt, ist zu spät dran.

Verladetraining sollte dann gemacht werden, wenn kein Termindruck, kein äußerer Stress, kein Zwang dahinter stehen. Wenn alle entspannt sind und viel, sehr viel Zeit mitbringen.

In diesem Umfeld fühlen sich Pferde wohl und sicher. Es gibt kaum einen größeren Gegensatz zum Hängerfahren. Foto: Cornelia Koller

Warum hat das Pferd Angst, in den Hänger zu gehen?

Pferde sind Fluchttiere. Alles in ihnen ist auf die schnelle und sofortige Flucht ausgerichtet: ihr Bewegungsapparat, ihre Lungen, ihre Nahrungsaufnahme und vor allem ihre Sinne. Sie sind dazu in der Lage, aus sehr weiter Ferne Gefahr zu wittern, zu hören, zu sehen und zu riechen. Die Herde, also viele Tiere, bietet ihnen dabei Sicherheit und Schutz.

Sie sind immer bestrebt, sich in solch einer Situation aufzuhalten, aus der sie schnell fliehen – das heißt im gestreckten Galopp wegrennen – können, abgesehen von den dickfelligeren Ponyrassen, für die eine schnelle Flucht in den moorigen Wäldern tödlich gewesen wäre. Sie entziehen sich der Gefahr, indem sie

So eine enge Plastikkammer ist für Pferde alles andere als vertrauenerweckend. Die meisten Hänger sind auch noch dunkel.

stur stehenbleiben und sich dem Feind in gezielter Abwehr stellen. Dieses Muster finden wir später beim Verladetraining wieder.

Vor dem Hintergrund dieses Wissens wundert es einen doch eher, dass so viele Pferde problemlos in einen Anhänger steigen. Denn für das Pferd beinhaltet der Hänger all das, was es fürchtet wie der Teufel das Weihwasser: Er ist eng, die Flucht nach vorn ist abgeschnitten, die Flucht nach hinten auch. Sie sind von allen Seiten begrenzt, das heißt ihre Sinne, die sie so dringend zum Überleben brauchen, werden ebenfalls begrenzt.

Der Boden, auf dem sie sich bewegen sollen, ist meist wackelig und nicht vertrauenerweckend. Sie werden von der Herde getrennt, im schlimmsten Fall auch noch alleine transportiert. Sie werden aus ihrer vertrauten Umgebung herausgerissen. Und dann ist ihr Mensch, den sie sonst recht besonnen erleben und erfühlen, auch noch nervös, fahrig und unsicher. Denn die Tiere nehmen jede kleinste Bewegung, Gemütsverfassung von ihrem vertrauten Menschen wahr und reagieren darauf. Doch dazu später mehr.

Auf Turnieren kommt es immer wieder zu Verladeproblemen, da hier die Nerven von Pferd und Reiter frei liegen. Foto: C. Busch

Hauptfehler, die beim Verladen gemacht werden

Zeitdruck

Der Kardinalfehler ist schlicht und ergreifend der Zeitdruck, unter dem die meisten Pferde verladen werden. Der Starttermin beim Turnier steht an, der blöde Gaul will partout nicht in den Hänger. Die verladenden Menschen werden immer ungeduldiger, immer gröber und wütender.

Nicht selten werden all diese Gefühle irgendwann, nach Nerven zermürbenden Stunden, in prügelnden Ausfällen auf dem Pferdehintern ausgelebt. Wer das als Mensch einmal selbst erlebt hat, diese unglaubliche Zähigkeit, mit der sich ein Pferd auf tausend Arten weigern kann, in einen Hänger zu gehen, der kann diese Ausbrüche nachvollziehen – wenn sie auch selten entschuldbar sind. Aber wer ist schon fehlerfrei. Es geht darum, es gar nicht erst so weit kommen zu lassen. Denn es erübrigt sich zu erwähnen, dass dieses einen immensen Rückschritt bedeutet und dem Pferd gegenüber mehr als unfair ist.

Pferde, die man versucht hat in den Hänger zu prügeln, werden fast immer ihr Leben lang Schwierigkeiten machen. Sie sind wahre Fundgruben für die Kreativität des Menschen, was man noch alles anstellen könnte, um „das Tier in den Kasten zu kriegen".

Erfolgszwang

Neben dem Zeitdruck ist es oft der Erfolgszwang, der im Weg steht. Das Tier muss da rein! Dabei ist es gerade die ersten Male wichtig, die ganz persönlichen Grenzen des jeweiligen Pferdes zu tolerieren und darauf einzugehen. Manchmal reicht es eben schon, wenn ein totaler Paniker nur die ersten Schritte auf die Rampe gemacht hat. Bricht dann der Mensch die Übung hier ab, ist viel gewonnen – vor allem Vertrauen.

Ganz schlimm sind in solchem Moment die Zuschauer, die alle einen guten Rat haben. Diese Neunmalklugen können den geduldigsten Menschen mit ihrer Dummheit aus der Ruhe bringen. Und das spürt dann wieder das Pferd. Verladetraining von unsicheren Pferden bitte immer unter Ausschluss der Öffentlichkeit im Kreis von aufeinander eingespielten Menschen, die die Nerven behalten und wissen, was zu tun ist.

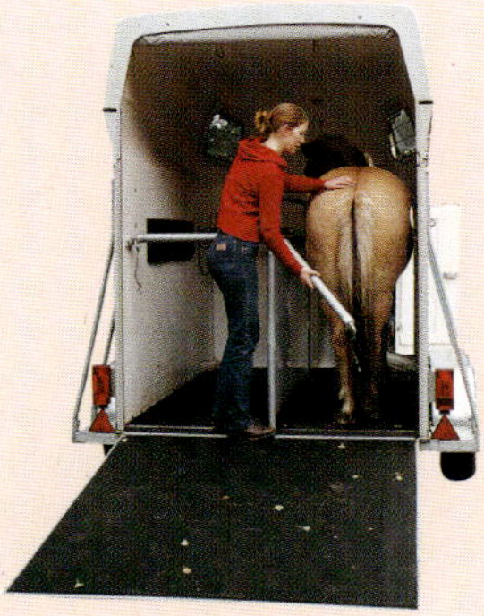

Die sieben Todsünden beim Verladen:

- Zeitdruck
- Erfolgszwang
- Nervosität
- schlechte Erfahrung
- Unerfahrenheit
- Angst
- Lustlosigkeit

Nervosität

Ist der Mensch selbst unsicher und unerfahren, kann er das auf ein ansonsten eigentlich ruhiges Pferd übertragen. Nach dem Motto: „Die ist nervös, dann muss ja was los sein. Also weigere ich mich erst einmal". Wer selbst noch unerfahren ist und nicht weiß, wie das eigene Pferd reagiert, sollte es von jemand Erfahrenem verladen lassen. Man selbst lernt dann erst einmal an einem sicheren Pferd alle Griffe und die Technik, bevor man an das eigene, ebenfalls noch lernende Tier herangeht. Das gilt für die Bodenarbeit genauso wie für das Reiten. Einer in dem Team Pferd/Reiter sollte immer der Erfahrene sein und einer der Lernende.

Schlechte Erfahrung

Pferde, die oft Opfer von rücksichtslosen Gespannfahrern sind, neigen dazu, sich im Laufe

*Ein skeptischer Blick hinterher:
Da soll ich etwa auch gleich mit rein?*

der Zeit immer schlechter verladen zu lassen. Es ist zwar verboten, aber jeder sollte einmal an Stelle eines Pferdes in so einem Hänger mitfahren. Es ist eine verdammt wackelige Angelegenheit, und es bedarf einer besonders besonnenen Fahrweise, um ein Gefühl von Sicherheit zu vermitteln: Ganz langsames und rechtzeitiges Abbremsen, genauso langsames Anfahren und keine wilden Kurventechniken. Ruppige Fahrmanöver können jedem den Spaß verderben – und natürlich auch schwere Unfälle verursachen. Wobei es immer wieder Pferde gibt, die nach extrem schlimmen Hängerunfällen mit Überschlag, Verletzungen und Operation beim nächsten Fahrtermin geradezu in den Hänger stürmen.

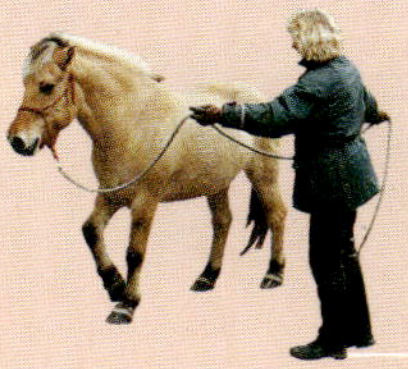

Trennungsangst

Für viele Pferde bedeutet Verladen- und Transportiertwerden auch einen Abschied von der Herde, der vertrauten Umgebung, der Sicherheit, sei es zum Turnier, zum Feriendomizil, zur Klinik. Es braucht schon viel Fingerspitzengefühl oder eine sehr robuste und neugierige Pferdeseele, um den Hänger mit Abenteuer und Spaß zu assoziieren. Mit solchen Pferden macht es ungemein viel Freude wegzufahren.

Wenn ein Pferd ungern in den Hänger geht, sollte man immer hinterfragen, was es bislang für Anlässe gab. Waren sie für das Pferd angenehm oder stressig? Wartete am Ende der Fahrt die neue fette Weide, der Tierarzt oder ein anstrengendes Turnier?

Angst

Dieses Gefühl trifft für alle Pferde zu, die bisher gar keine Verlade-Erfahrung gemacht haben und nun mit einem ebenfalls ängstlichen menschlichen Führer allein vor der Verlade-Situation stehen. Das sind meist Tiere, die auch in anderen Situationen unsicher und ängstlich sind. Diesen Tieren hilft bereits ein Mensch, der Sicherheit, Vertrauen und ruhige Dominanz ausstrahlt. Das überträgt sich auf das Pferd, das dann dazu in der Lage ist, diese neue Herausforderung anzunehmen.

Angst haben auch Tiere, die mit dem Hänger aus anderen Gründen Schreckliches verbinden. Falsche Konditionierung: Als sie das erste Mal an einem Hänger vorbeigingen, fiel die Leiter neben ihnen um. Sie beobachteten negative Verladeerlebnisse mit anderen Tieren. Deswegen sollte man so etwas auch niemals auf dem Hof machen, wo andere Pferde seelenruhig zugucken können und im wahrsten Wortsinne auf dumme Gedanken kommen können.

Lustlosigkeit

Es gibt immer wieder Pferde, die schlicht aus reiner Unlust nicht in den Hänger wollen. Entweder, weil es an dem Ort, an dem sie sich gerade befinden, viel zu nett ist (Weide, Herdenkumpane oder Ähnliches) oder weil sie keine Lust mehr auf die Zielorte haben. Das trifft vor allem bei Turnier- und Sportpferden zu. Dann ist es manchmal besser, einfach eine Transportpause einzulegen, bevor die Tiere ganz in die Verweigerungshaltung gehen. Das hat nichts mit nachgeben oder dem Problem ausweichen zu tun. Pferde geben uns auf ihre Art Signale. Eine plötzliche Verweigerung ist ein Zeichen und sollte ernst genommen werden, das Problem abzustellen.

Denn das Pferd ist nicht nur zu unserem Spaß als Pferdehalter da. Wir haben anders herum ebenfalls eine Verpflichtung, es dem Pferd angenehm zu machen. Es gilt, die richtige Balance zu finden.

Sollte man bei überstrapazierten Verladeverweigerern mal eine Pause einlegen, trifft für die Faulpelze und Drückeberger genau das Gegenteil zu. Sie findet man oft unter den Ponyrassen oder Stoikern. Wer hier nachgibt, gibt auch gleich die Führung in der Beziehung auf. Mit etwas Erfahrung – die der Verladende ja haben sollte – kann man Angst, Lustlosigkeit aus Frust und „Bocklosigkeit" aus Ungehorsam heraus sehr gut beim Pferd erkennen.

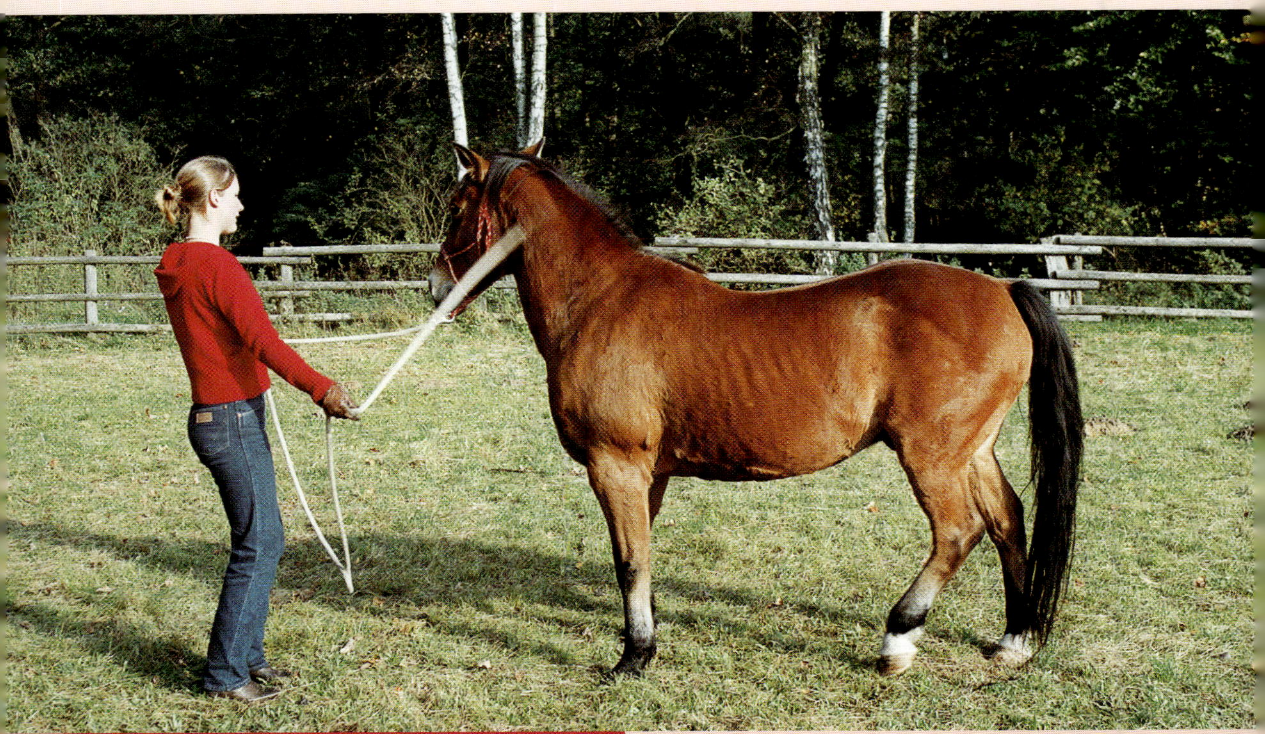

Für ein Pferd ist es für seine Hierarchie elementar, wer das Recht hat, wen zum Weggehen zu bewegen. Es ist immer der Schwächere, der zu weichen hat. Joshua ist noch unschlüssig, weil Immelena sich ihrer Sache ebenfalls nicht ganz sicher ist.

Grundvoraussetzungen für das richtige Verladen

- genügend Zeit
- keinen Erfolgszwang
- einen sicheren Pferdeanhänger
- erfahrene Menschen
- geklärte Führungsrolle

Einem Menschen, den das Pferd vollkommen als Führungsperson anerkennt, folgt es auch auf einen Hänger, an schrecklichen Dreschmaschinen vorbei und über gefährliche Autobahnbrücken. Wir machen es uns und dem Pferd am einfachsten, wenn wir uns für die Klärung dieses Verhältnisses auf seine Ebene begeben.

Wie oft weicht der Mensch reflexartig einem Pferd aus, aus Angst, es tritt ihm auf die Füße! In unseren Augen war das klug. In den Augen des Pferdes hat der Mensch mit diesem kleinen Schritt zurück verloren. Es wird das nächste Mal noch mehr drängeln, den Respekt verlieren.

Dominanz- und Vertrauenstraining

Join up

Das sogenannte Join up in einem festen, ausbruchssicheren Roundpen oder kleinem Areal ist Gold wert für die Mensch-Tier-Beziehung. Ohne direkten Kontakt zum Pferd und Zwangsmittel (Trense, Halfter, Strick) lernt der Mensch, nur durch die Position seines Körpers von der eigenen Schulterdrehung bis hin zur Bewegung relativ zum Pferd, wie er auf diese Weise mit dem Tier kommunizieren kann. Er kann es so schneller und langsamer machen, wenden und dazu bringen, in die Mitte zu kommen.

Denn so „reden" auch die Pferde miteinander, zumindest wenn es um das Bewegen geht. Beim Treiben im Roundpen mit Hilfe eines langen Strickes lernt das Pferd, dass der Mensch durchaus seine Sprache beherrscht. Es würde den Rahmen dieses Büchleins sprengen, hier die genauen Bewegungsabläufe aufzuzeigen. Sehr gute Anleitungen dafür findet man bei Monty Roberts oder Pat Parellis Natural Horsemenship. Das A und O bleibt jedoch das selbst Ausprobieren und das genaue Beobachten des Pferdes und der eigenen Reaktionen, der Körpersprache.

Longier- und Führtraining

Wenn das Pferd beim Join up zu dem Menschen in die Mitte gekommen ist, gilt es, diese

Die Knotenhalfter (wenn möglich, sonst Stallhalfter) und ein mindestens drei Meter langer, schwerer Strick mit schwerem Haken eignen sich besonders gut zum Führen.

Führung auch am Halfter zu übernehmen. Statt es gleich hinter sich herzuziehen, versuchen Sie, ob Sie dazu in der Lage sind, Vorder- und Hinterhand des Tieres unabhängig voneinander zu bewegen. Ganz wichtig: Sie bewegen das Tier und nicht anders herum. Keine Ausfallschritte nach hinten machen!

Schicken Sie das Pferd von sich weg, indem Sie es mit dem Ende eines langen, schweren Strickes an der Schulter touchieren. Manchmal reicht schon die Schwingbewegung, manchmal muss man das Tier damit berühren, manchmal sogar kräftig zuschlagen – allerdings oft nur einmal, dann hat das Tier verstanden.

Wenn das Pferd zu nah an uns dran steht, schwingt das Seilende zur Schulter. Denn mit

Die Hand, die das Seil hält, zeigt deutlich in die Richtung, in die das Pferd gehen soll. Der Oberkörper ist leicht mitgeneigt (Körpersprache). Die andere Hand, die Richtung Hinterhand des Pferdes zeigt, hält das Strickende so, dass genügend Seil übrig ist, um es deutlich Richtung Pferd zu schwingen.

den Vorderbeinen bestimmt das Tier die Richtung. Bewegt es sich von Ihnen weg, können Sie es mit dem Seilende, Richtung Hinterhand geschwungen, beschleunigen. Denn hier entwickelt das Pferd Tempo. Zum Anhalten schwingen Sie das Seilende vor der Nase des Pferdes. Oder Sie verkürzen das Seil am Kopf und machen gleichzeitig einen beherzten Schritt Richtung Hinterhand, sodass das Pferd mit dieser von Ihnen weg ausweicht. Das Weichen der Hinterhand ist eine ganz wichtige Übung um zu klären, ob das Pferd Ihnen wirklich Respekt zollt. Es muss immer mit der Hinterhand ausweichen, denn sie ist seine Waffe und kann gegen Sie eingesetzt werden!

Führpositionen

Wenn das Tier sich so auf beiden Seiten gut von Ihnen bewegen lässt ohne wegzulaufen oder hereinzukommen, gehen Sie parallel zum Pferdekopf. Jetzt soll es lernen, Sie niemals zu überholen. Die Pferdeschulter hat immer leicht hinter der Menschenschulter zu bleiben, es sei denn, es wird bewusst vom Menschen vorgeschickt. Überholt das Pferd, schwingen Sie deutlich das Seilende im Kreis vor der Pferdenase, ohne Rücksicht darauf, ob es mit der Nase in das sirrende Seilkreisel rennt. Das soll es im Zweifel, um zu spüren, dass das weh tut. Beobachten Sie Ihre eigene Körpersprache. Treten Sie sicher auf? Wissen Sie, wo Sie mit dem Pferd hin möchten? Haben Sie die Situation im Blick? Denn das alles sind Eigenschaften, die ein echter Führer haben muss. Dann wird sich Ihnen auch das Pferd anvertrauen.

TIPP:
Lassen Sie sich von Freunden Ihren eigenen Körperausdruck korrigieren. Mit dieser Führarbeit partizipieren Sie an Ihrer eigenen Ausdrucksfähigkeit – nicht nur im Pferdebereich!

Das Pferd soll sich am Ende von alleine Ihrem Tempo anpassen, dirigiert nur durch Ihren richtungsweisenden Arm, der das Seil locker (!) hält und es gegebenenfalls treibend nach hinten schwingt oder bremsend vor der Nase des Pferdes bewegt.

Wenn all diese Führpositionen im Schritt und Trab klappen, dann kann man langsam an die Bewältigung von Hindernissen gehen.

Als Nächstes longiert oder schickt man es zwischen Begrenzung und sich selbst. Je ausgefallener die Begrenzung (Planen, Fässer, Autos, Trecker, Plakat und Ähnliches), desto sicherer wird das Pferd. Joshua ist ganz Ohr.

Führtraining über Hindernisse

Für das Verladetraining ist es ganz wichtig, dass das Pferd lernt, mit begrenzenden Situationen fertig zu werden. Das kann man vom Boden aus sehr gut üben, wenn man eine Hecke, eine Hallenwand, Reitplatzbegrenzung oder Mauer zur Verfügung hat. Man führt das Pferd erst einmal dicht daran vorbei, indem man selbst vorangeht.

Diese Übung macht man aber nur, wenn das Pferd gefahrlos passieren kann und der Schwierigkeitsgrad sich langsam steigert – ohne negative Erfahrung. Eine echte Herausforderung sind Plastikplanen, die in Kopfhöhe des Pferdes auf Sprungstangen, die in den Ständern

Noch ist Joshua sehr verunsichert. Aber je flüssiger es geht, desto mehr können Sie das Tempo variieren: Schritt, Trab, Anhalten.

stehen, aufgehängt sind. Wenn Sie diesen Engpass das erste Mal vor dem Pferd durchgehen, achten Sie darauf, dass das Pferd noch genügend Platz hat, seitlich an Ihnen vorbei zu kommen, sollte es doch in Panik vorstürmen. Klappt das Durchgehen ohne Problem, wird das Pferd alleine durch den Engpass geschickt.

Als Nächstes üben Sie das Gehen über eine Plastikplane. Wichtig ist, dass die Enden nicht hoch wehen können. Führen Sie das Pferd behutsam heran – wie an alles Neue.

Wenn das Pferd beginnt das Interesse zu verlieren, fordern Sie es mit einer Armbewegung zum Hinübertreten auf. Reicht das nicht aus, bauen Sie Druck beziehungsweise Zug mit dem Seil auf.

Schritt für Schritt wird so erarbeitet. Einige Pferde stürmen nach den ersten zwei, drei Schritten einfach über die Plane. Auch hier wieder von vorne beginnen, denn es soll langsam und kontrolliert über die Plane, durch den Engpass, über die Brücke, in den Hänger gehen.

Rückwärts

Für diese Übung ist der schwere Haken wichtig, der dem Pferd nervend unter dem Kinn wackelt und so die Knoten des Halfters am Kopf zum Hin- und Herwackeln bringt. Das Pferd soll in eine nervige Situation gebracht werden, aus der es sich sofort mit einem Schritt rückwärts befreien kann. Beim nächsten Schritt fragen Sie wieder sanft mit einem leichten Schlenkern des Seiles an – und steigern bei Bedarf, bis ihm die Knoten um die Nase sausen.

Lassen Sie es ausgiebig schnuppern, drücken Sie in Ihrer Körpersprache Sicherheit und Ruhe aus, aber auch die Gewissheit, dass es dort drüber gehen wird.

Achten Sie auf die Vorderbeine: Beginnt das Pferd, das Gewicht für eine Vorwärtsbewegung zu verlagern, lassen Sie mit dem Seildruck nach und loben Sie es.

Eine schöne Übung ist auch, das Pferd auf der Plane rückwärts zu schicken. Erst mit deutlichen Körpersignalen halten lassen.

Dann durch schlangenartiges Schwingen des Seiles Richtung Pferd das Tier dazu animieren, zurück zu treten.

Druck ausüben

Das Pferd soll nicht über die Plane oder später in den Hänger gezogen werden. Der Druck oder Zug am Seil und Halfter soll ihm nur eine Aufforderung zum Vorwärtsgehen sein. Man darf auch kein Seilziehen beginnen. Sie bauen mit dem Seil einen Druck auf und halten diesen, bis das Pferd die Spannung selbst auflöst, indem es einen Schritt nach vorne tut. Lassen Sie selbst niemals locker, denn dann geht der Lerneffekt für das Pferd verloren. Für ein ausbalanciertes Voranschreiten braucht das Pferd seinen frei beweglichen Hals und Kopf.

Je eingespielter Sie und das Pferd sind, desto weniger Signale brauchen Sie. Später reicht bereits Ihr leicht vorgeneigter Körper und Ihr Pferd wird Ihnen folgen.

TIPP:

Weicht das Pferd nach hinten aus, lassen Sie es gleich noch zehn Schritte mehr rückwärts gehen. Meist signalisieren die Tiere durch ein Kauen oder Lecken, dass sie verstanden haben und sich fügen. Bleiben Sie ruhig, aber bestimmt.

Brücke

Wenn das Pferd hinter Ihnen über die Plane geht oder sich im Schritt und Trab von Ihnen schicken lässt, versuchen Sie es mit einer Brücke. Sie ist eine phantastische Vorübung für das Verladen, da sich das Pferd hier an das Gepolter der Hufe auf dem Holz gewöhnen kann, ebenso wie an die Schwingungen. Denn viele Pferde bekommen Angst durch das Geräusch der Hufe auf der Rampe, das sich durch das

Hängerinnere auch noch in den Pferdeohren um ein Vielfaches verstärkt. Achten Sie bei der Brücke darauf, dass das Pferd nicht zur Seite wegspringen kann und sich so verletzt. Benutzen Sie eine Bande oder Fänge. Auch hier gilt: Pferd schnuppern lassen. Gehen Sie ruhig und bestimmt voraus und lassen Sie das Pferd am lockeren Seil folgen – nach einem kleinen Zug als Aufforderung. Wenn das klappt, schicken Sie das Pferd von der Seite aus über die Brücke.

Unter der Plane durch

Für viele Pferde ist die Tatsache, dass sie beim Hänger sehr dicht über sich eine Decke haben, ein beängstigender Zustand. Auch den können Sie in aller Ruhe vom Boden aus trainieren. Er ist etwas personalintensiver, da am besten vier Personen eine Plane oder ein Laken sicher an den vier Ecken hochhalten (gegebenenfalls mit einem Stock als Verlängerung). Und wieder das bekannte Ritual: schnuppern lassen ...

Bei allen Übungen gilt:
- Pferd sich damit in Ruhe beschäftigen lassen
- mit der eigenen Körpersprache Sicherheit ausdrücken und die Richtung angeben
- leichten Druck mit dem Seil aufbauen (haltend oder treibend)
- Druck je nach Widerstand des Pferdes steigern
- bei der kleinsten Vorwärtsbewegung Druck sofort nachlassen.

Zeigen Sie mit Ihrer eigenen Körperhaltung, was Sie vom Pferd erwarten. Beugen Sie Ihren Oberkörper etwas vor und nach unten, damit das Pferd realisiert, daß es sich „klein machen" soll. Wenn es nicht mehr untendurch stürmt, lassen Sie es ruhig mittig unter dem Dach stehen.

Loben

Für jede noch so kleine Übung gilt: Loben Sie viel und ausgiebig. Nicht nur mit Leckerli, sondern vor allem auch mit der Stimme in der Sekunde, in der das Pferd auch nur das Richtige denkt und die leiseste Bewegung in die richtige Richtung macht. Das nennt man positive Verstärkung. Ein Tier (übrigens auch der Mensch), das es uns recht machen möchte – was wir ja beim Join up geklärt haben – wird immer auf diese positive Verstärkung reagieren und nach mehr Anerkennung suchen. Lob macht nicht nur dem Pferd, sondern auch dem Menschen Spaß und ist die beste Motivation, ohne die gar nichts laufen würde.

Wenn das Pferd gelernt hat, Sie als Führer in jeder Situation zu akzeptieren, sicher über, unter und zwischen Planen geht und eine Brücke überschreiten kann, ist es reif für den Hänger.

Die Ausrüstung

Zum Verladen brauchen Sie für sich und das Pferd: Knotenhalfter mit festen Haken und langem Seil, Stallhalfter mit Anbindeseil mit Panikhaken, Handschuhe und festes Schuhwerk (Foto links). Bei einigen Pferden ist es ratsam, Transportgamaschen zu benutzen, die es in vielfältigen Ausführungen gibt (Foto unten).

Für unbeschlagene Pferde, oder solche, die sehr ruhig stehen, sind letztere nicht nötig, sie können das Pferd eher irritieren. Sie dienen als Schutz, sollte das Pferd sich selbst beim Ausbalancieren verletzen. Wie sehr das nötig ist, haben Sie unter anderem mit Ihrer Fahrweise in der Hand.

Führen Sie das Tier ruhig heran, lassen Sie es ausführlich schnuppern, auch ein wenig scheuen, und strahlen Sie diese unabdingbare Ruhe aus ...

Longieren Sie das Pferd – wie zuvor beim Führtraining – zwischen sich und dem Hänger. Das war's schon fürs erste Mal.

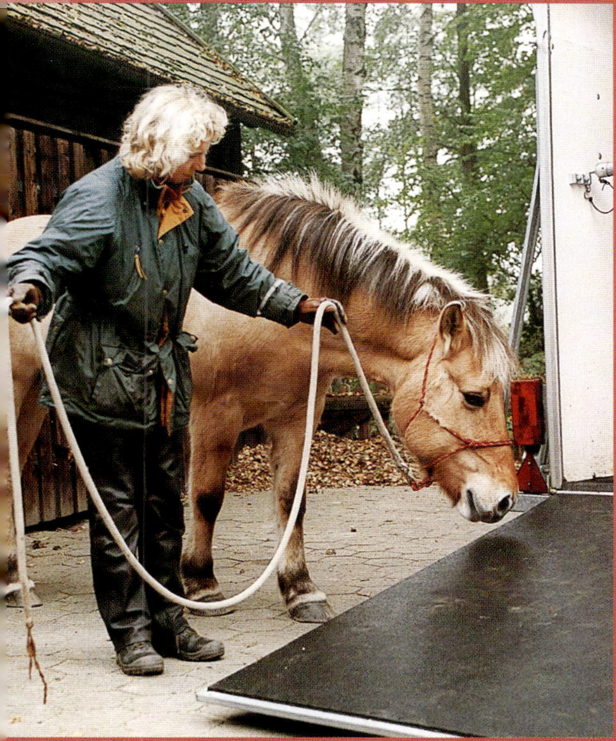

Hängertraining

Manchmal ist es empfehlenswert, das Pferd beim ersten Hängerkontakt nicht gleich zu verladen. Lassen Sie das Gefährt in einer für das Pferd vertrauten Umgebung stehen.

Füttern Sie das Pferd, indem Sie selbst auf dem Radkasten sitzen. Lassen Sie das Pferd ruhig neben dem Hänger grasen, während Sie an ihm hantieren – Klappe hoch und runter, rein- und rausgehen. Achten Sie aber darauf, dass keine Verletzungsgefahr besteht, genügend Platz ist, damit das Pferd auch einen Schrecksprung zur Seite machen kann. Führen Sie das Pferd rund um den Hänger.

In dem Moment, wo die Pferde im Hänger angebunden werden, muss ein Stallhalfter über das Knotenhalfter, da es zu gefährlich ist, die Pferde mit diesem scharfen Halfter anzubinden. Die Verletzungsgefahr ist sehr groß. Bitte niemals nur am Knotenhalfter anbinden.

Verladetraining

Pferde, die ohne Probleme in den Hänger gehen, können nur mit Stallhalfter verladen werden. Wichtig ist, dass sie im Hänger mit einer Anbindevorrichtung mit Panikhaken festgemacht werden, damit man das Pferd im Notfall schnell abbinden kann.

Bei jungen Pferden oder Verladetrainees benutze ich nur für das Verladetraining ohne anschließende Fahrt grundsätzlich ein Knotenhalfter und einen sehr langen Strick ohne Panikhaken. Denn das Pferd soll bei eventuellen Widersetzlichkeiten auf gar keinen Fall vom Strick loskommen und so womöglich lernen, sich aus der Situation mit Widerstand zu befreien.

Solange ich das Pferd in den Hänger führe, benutze ich den festen Strick am Knotenhalfter, binde ich es fest, dann den Strick mit Panikhaken am Stallhalfter – aber erst, wenn die hintere Stange vorgelegt ist. Manchmal reißen sich Pferde im letzten Moment los. Wenn sie dann vom Seil wegkommen, haben sie viel Schlechtes für die Zukunft gelernt.

TIPP:
Verladen Sie immer und unbedingt nur mit Handschuhen. Auch solche Pferde, die ja angeblich absolut verladefromm sind.

Sicherheit für den Menschen

Verladen birgt auch für den Menschen große Risiken. Von Seilen aufgescheuerte Handflächen durch zurückweichende Pferde sind nur das kleinste Problem – sieht man von tagelangem höllischem Brennen der Hände einmal ab. Man muss strengstens darauf achten, keinen Finger zwischen Seil und Stange zu bekommen oder Schleifen zu legen, die sich dann zuziehen können und so ganze Finger oder Hände abtrennen. Tragen Sie unbedingt feste Schuhe, sollte das Pferd doch einmal zur Seite springen.

Verladen mit Zweitpferd

Pferde, die gar nicht wissen, was auf sie zukommt, lernen am schnellsten, wenn ein ihnen vertrautes Pferd das Erwünschte sicher und mit Freude vormacht.

Verriegeln Sie nicht gleich die hinteren Stangen, sondern lassen Sie beide Tiere in Ruhe fressen. Schicken Sie dann das unerfahrene Tier zuerst Schritt für Schritt rückwärts. Es darf sich auf gar keinen Fall auf der Rampe umdrehen, sondern muss bis zum Schluss rückwärts gehen.

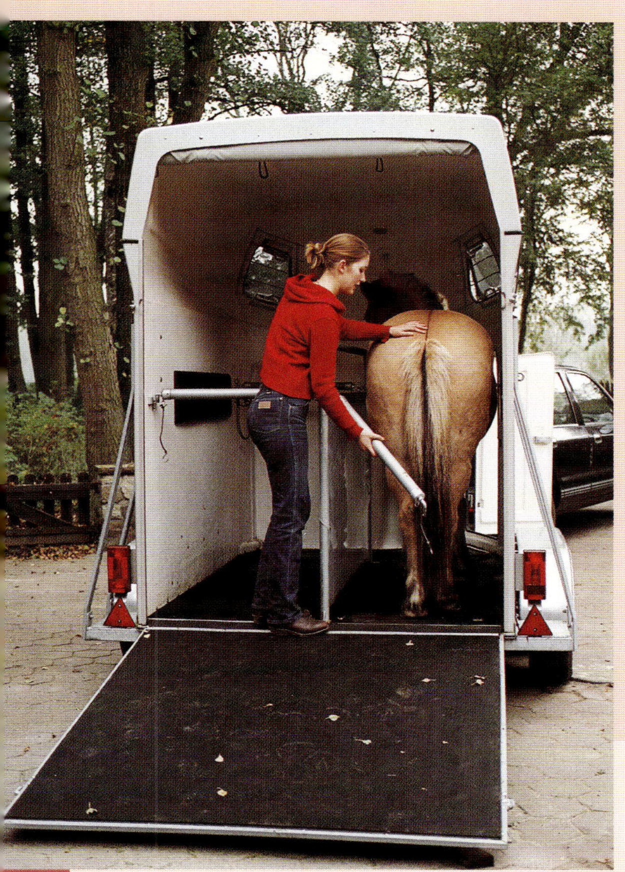

Beim Schließen und Öffnen der hinteren Stange bitte immer seitlich vom Pferd stehen, falls es sich zurückwirft.

Es dient auf alle Fälle zur eigenen Sicherheit, und Sie können sich selbst viel bestimmter und sicherer bewegen, was wieder auf das Pferd ausstrahlt.

Das gilt ganz besonders beim Öffnen des Hängers. Bereits wenn Sie die Rampe runterlassen, sollten Sie seitlich vom Hänger stehen. Es kann immer mal wieder vorkommen, dass sich eine Stange gelöst hat und die Pferde in Panik nach hinten stürmen – über Sie hinweg, da Sie unter die Rampe gedrückt wurden. Und natürlich sollten Sie auch seitlich stehen, wenn Sie die Stangen lösen.

Ein verladefrommes Zweitpferd kann Gold wert sein. Zumal, wenn dann im Hänger auch noch „lauthals" gefüttert wird. Da kann kaum ein Neuling widerstehen und möchte hinterherstürmen. Aber bitte mit Ruhe, weil sonst das Verletzungsrisiko zu groß ist.

Beim Rückwärts rausschicken sollten Sie eine Hilfsperson dabeihaben, die aufpasst, dass das Pferd nicht seitlich abrutscht.

Führen Sie das Pferd immer wieder rückwärts aus dem Hänger, sodass das Reingehen nicht zum Zwang wird. Nicht das „Drin sein" ist die Hauptsache, sondern das willige Folgen. Deswegen sind rückwärts richtende Aufforderungen eher produktiv als ein Rückschritt.

Auf gar keinen Fall bei den ersten Verladeversuchen sofort die Rückklappe verschließen, sondern alles so offen und frei wie möglich gestalten.

Machen Sie das zwei-, dreimal. Dann verladen Sie das junge Pferd zuerst, während das erfahrene dicht dabei steht. Doch immer das junge Pferd zuerst entladen, weil sonst Panik entstehen kann.

Die erste Fahrt sollten Sie auf alle Fälle mit einem erfahrenen Zweitpferd machen. Fahren Sie extrem vorsichtig auf möglichst ebenen, geraden Strecken und nicht zu lange. Am Ziel sollte den Hängerneuling etwas Positives erwarten. Auf diese Art konditionieren Sie Ihren Vierbeiner auf freudige Hängererlebnisse. So lassen sich auch Hängerneurotiker ganz langsam wieder auf das Thema positiv einstellen.

Alleine verladen

Wenn es das erste Mal ohne Zweitpferd losgehen soll, gibt es einige Maßnahmen, die Ihnen die Aktion erheblich erleichtern. Parken Sie den Anhänger so, dass er mit einer Seite nahe an einer Wand, Hecke oder Ähnlichem steht. Achten Sie bitte darauf, dass kein Verletzungsrisiko entsteht, sollte das Tier doch versuchen, an der Seite auszubrechen. Das gilt auch für die Zuhilfenahme von Fängen. Sie eignen sich wunderbar, um dem Pferd den Weg in den Hänger deutlich zu machen.

Aber nur dann, wenn sie wirklich fest stehen und nicht bei der kleinsten Berührung umkippen und so zum zusätzlichen Verletzungsrisiko und vor allem Schreckgespenst werden.

Sie erleichtern dem Pferd die Konzentration auf den Hänger, wenn Sie nicht gerade auf der saftigen Weide verladen. Gerade verfressene Ponys sehen es dann überhaupt nicht ein, warum sie hier weg sollen. Das gilt auch für die

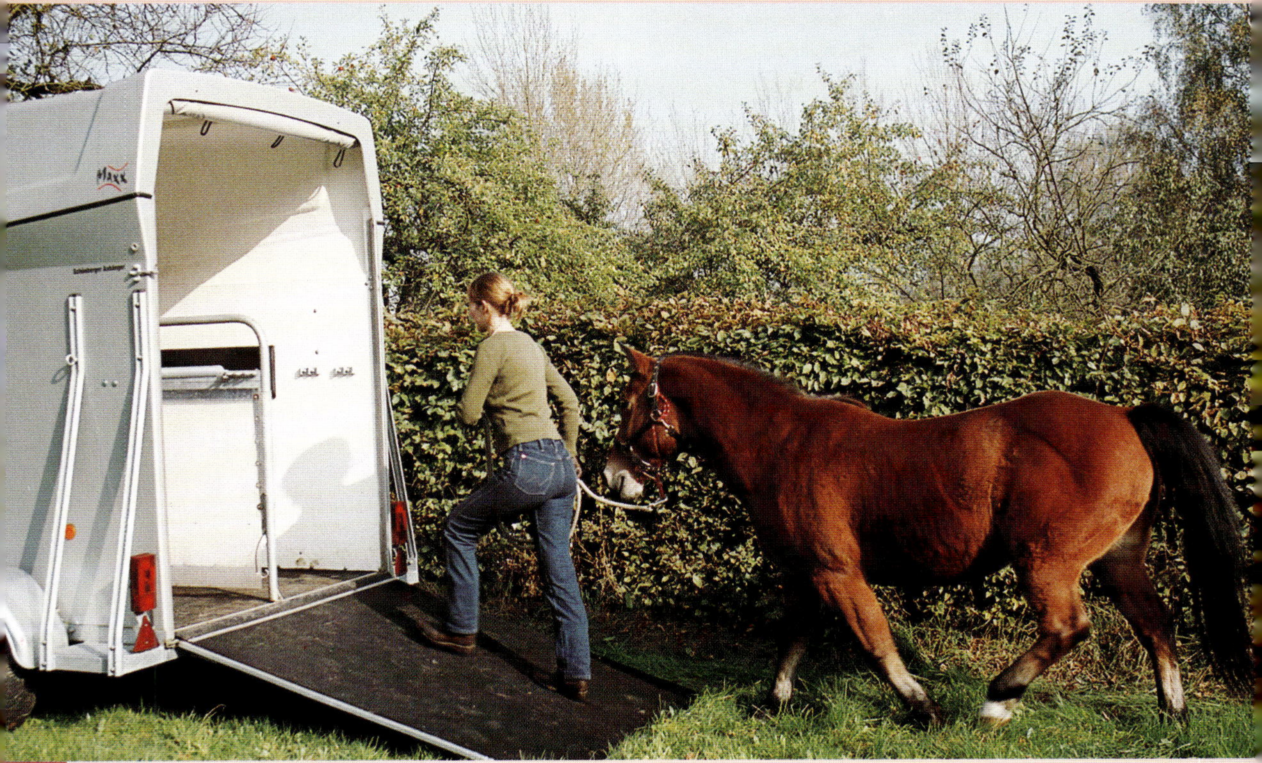

Erhält das Pferd durch eine Mauer/Hecke eine einseitige Begrenzung, geht es leichter.

Boxenfreunde, wenn diese nebenan stehen und auch noch sehnsuchtsvoll wiehern.

Am besten, man sucht sich einen ruhigen Ort mit Sand- oder Steinboden. Achten Sie bitte unbedingt darauf, dass die Hängerklappe gerade aufliegt und nicht wackelt. Das verunsichert zum einen das Pferd. Zum anderen leidet langfristig der Hänger darunter.

Außerdem sollte bei den ersten Verladeversuchen immer das Stützrad mit runter gefahren sein, damit der Hänger noch mehr Stabilität erhält. Denn in dem Moment, in dem die Pferde nach vorne in den Hänger gehen, senkt sich dieser leicht ab. Das verhindert das Stützrad.

Achtung, bitte nicht vergessen, das Stützrad wieder einzuziehen. Sie wären nicht der erste

Fänge können das Verladen erheblich erleichtern.

Zum Fixieren der Hängerklappe eignen sich oft die Stopperkeile oder kleine Holzstücke, die man immer mitnehmen kann.

Für das reine Verladetraining ist es von Vorteil, wenn die Mittelwand zur Seite geschoben ist.

Mensch, der mit runtergelassenem Stützrad losfährt.

Sie erleichtern es dem Pferd, wenn Sie beim Verladen die vordere Seitentür offen lassen und die Mittelwand zur Seite schieben. Dadurch erscheint der Hänger nicht ganz so dunkel. Doch mit der Zeit sollte das Pferd lernen, auch von Anfang an in den engeren Raum einzusteigen, da es für viel Unruhe sorgt, die Wand nachträglich mittig zu setzen.

Suchen Sie sich für das erste Alleinverladen einen ruhigen Moment aus, in dem auch Sie selbst gelassen und gut drauf sind und auf gar keinen Fall unter Zeitdruck stehen. Nehmen Sie sich ein, zwei vertraute Personen mit, die sich mit Pferden auskennen.

Vorbereitungen am Pferd

Legen Sie das Knotenhalfter um. Streifen Sie darüber das Stallhalfter. Befestigen Sie bereits vorher im Hänger das Anbindeseil mit Panikhaken, sodass Sie das Stallhalfter dann nur noch einhaken müssen, ohne lange zu fummeln. Befestigen Sie das lange Seil am Knotenhalfter. Handschuhe an und los geht's. Machen Sie vor dem Hänger mit dem Pferd ganz ruhig ein, zwei Gehorsamsübungen. Schicken Sie es links und rechts herum, kurz rückwärts und zwischen sich und dem Hänger durch. Das frischt die Erinnerung auf, Ihnen zu folgen.

Verladen

Führen Sie das Pferd ruhig an den Hänger heran, aber nicht zögerlich. Lassen Sie es aus-

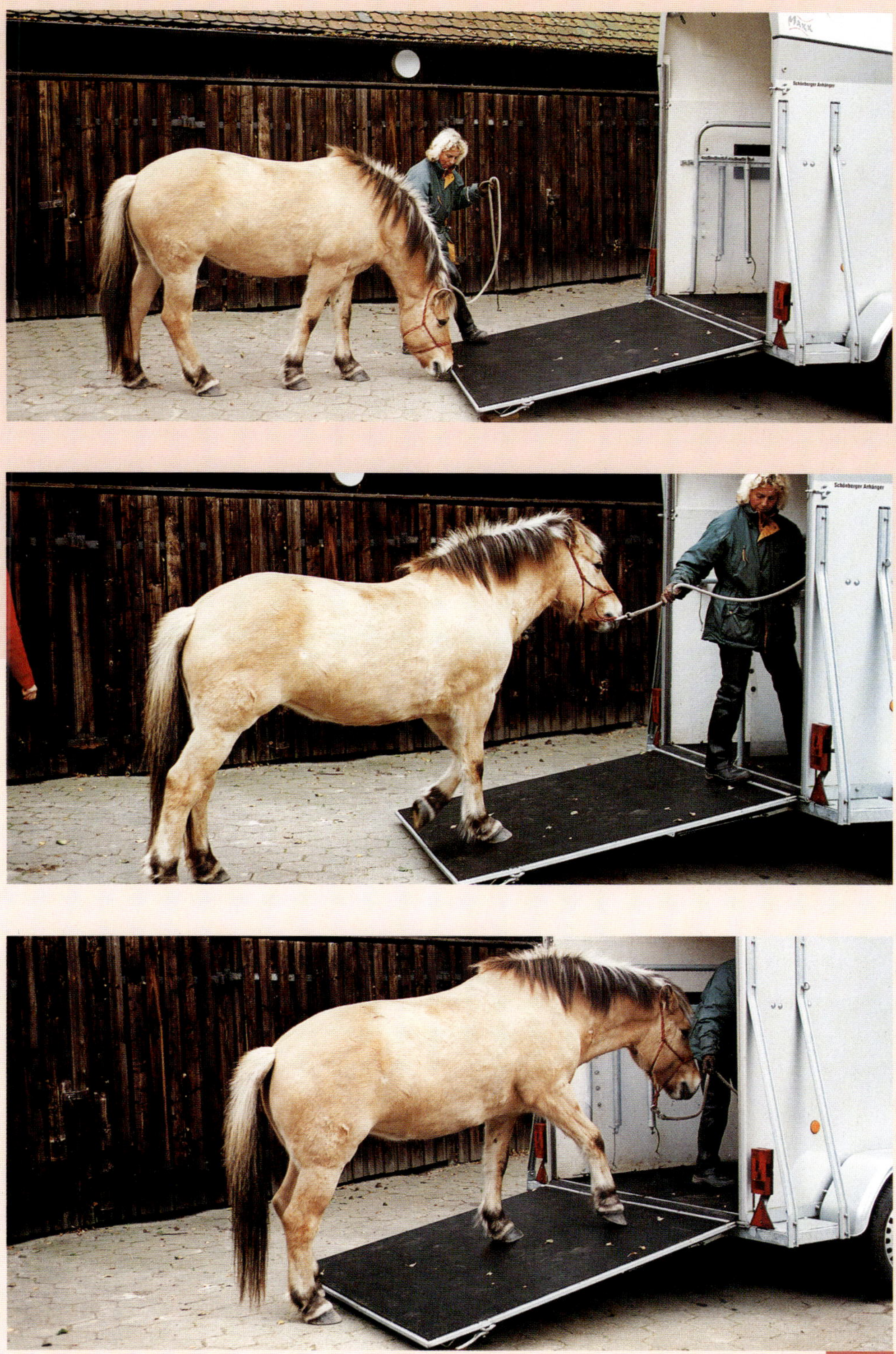

Verladen Sie ruhig, strahlen Sie Sicherheit aus und fordern Sie das Pferd Schritt für Schritt auf.

Jetzt entscheidet sich, ob das Pferd ganz reingeht oder wieder raus will.

Nicht am Seil ziehen, sondern nur den Druck aufrecht halten, sodass das Pferd in seiner bis dahin erreichten Position bleibt, ...

führlich schnuppern. Wenn Sie merken, dass es das Interesse verliert aber keine Anstalten macht, alleine hinauf zu gehen, fordern Sie es sowohl mit Ihrer eigenen Körpersprache als auch mit einer leichten Verstärkung des Seildrucks dazu auf.

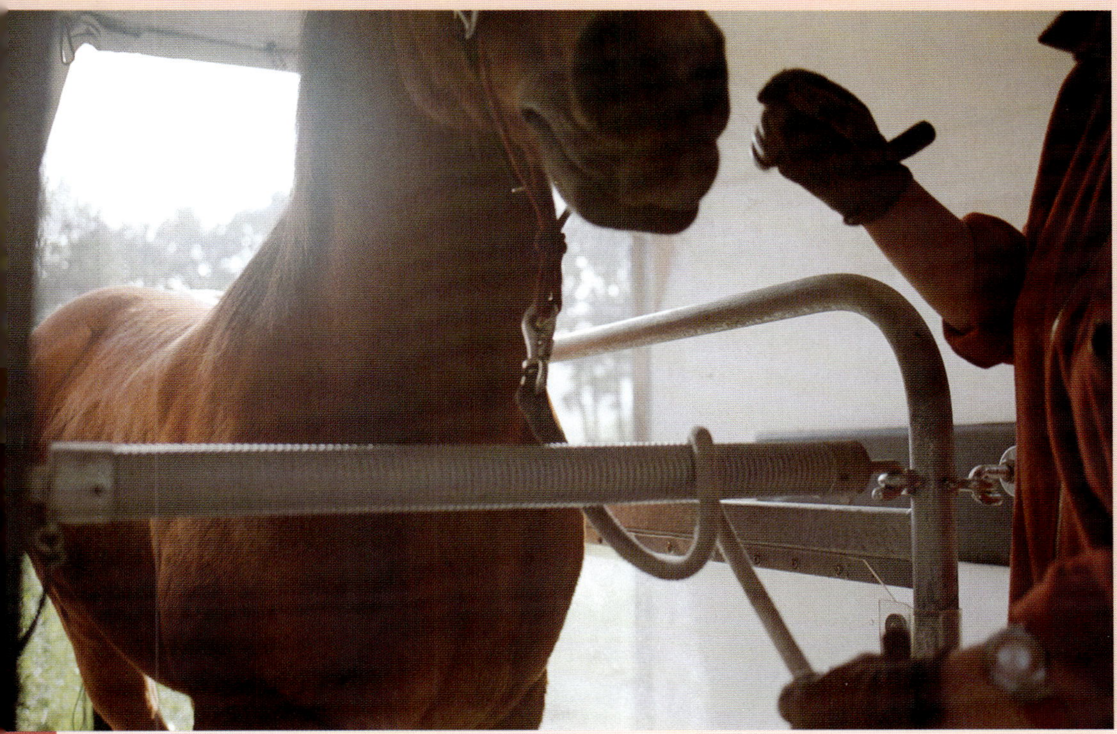

... sobald es vortritt, löst sich der Druck.

Sobald das Pferd die Balance verlagert, um vorwärts zu gehen, geben Sie dem Seildruck nach (beziehungsweise befreit sich das Pferd durch sein Herankommen ja selbst von dem Druck). Über die Rampe klappt es meist ganz gut, zumal wenn Sie viel unterstützendes Lob in Form von Worten geben.

Ein kritischer Punkt ist oftmals der, wenn der Kopf, beziehungsweise die ganze Schulterpartie im Hänger verschwindet.

Hier müssen Sie besonders aufmerksam sein und sofort reagieren. Deswegen ist es sinnvoll, ein langes Seil zu benutzen. Ich schlinge es einmal um die vordere Querstange (Achtung mit den Fingern!). Sollte das Pferd zurückweichen wollen, habe ich mehr Kraft, um es daran zu hindern.

Haken Sie das Anbindeseil in das Stallhalfter und lassen Sie das Knotenhalfter so lange am langen Seil, bis eine Hilfsperson die hintere Querstange geschlossen hat. Geben Sie dem Pferd ein Leckerli (einige verweigern es aus Trotz ...), bleiben Sie ein wenig bei ihm. Schließen Sie langsam die Rückklappe und erst dann vorne die kleine Seitentür.

Nun kann die erste Fahrt – natürlich langsam und behutsam – beginnen.

Pferd in den Hänger schicken

Wer richtig imponieren will, der kann sein Pferd auch in den Hänger schicken, ohne vorneweg

Schicken Sie das Pferd mit deutlicher Körpersprache in Richtung Hänger. Sobald es zögerlich wird oder versucht, in Ihre Richtung auszuweichen, ...

... touchieren Sie es mit dem Seil an der Schulter (beim Ausweichen) oder an der Hinterhand (beim Zögern).
Auf so eine Verladeaktion können beide stolz sein.

zu gehen. Dafür muss die Vorbereitung am Boden einfach gut genug sein, und Sie müssen 100 Prozent sicher sein, dass Sie für Ihr Pferd der Boss sind.

Machen Sie es sich etwas leichter, indem Sie den Hänger mit einer Seite an eine Mauer oder Hecke stellen. Führen Sie einige Gehorsamsübungen am Boden mit ihm durch: Schicken, rückwärts, am Hänger vorbei. Positionieren Sie sich unten neben der Hängerklappe.

Auch beim Schicken des Pferdes müssen Sie genau beobachten, was das Pferd als Nächstes tut. Das sehen Sie nicht in den Augen, sondern an den Beinen. Je schneller Sie reagieren, desto kleiner kann Ihre Reaktion ausfallen. Loben Sie es für jeden positiven Schritt mit der Stimme.

Wenn es auf dem Hänger steht, tätscheln Sie es leicht am Po und schließen Sie langsam die Stange (seitlich stehen!). Die ersten Male empfiehlt es sich, das Pferd auch bei dieser Technik erst einmal rauf und runter zu führen, ohne den Hänger zu schließen. Wenn Sie Ihr Pferd so verladen können, dürfen Sie sehr stolz auf sich und das Tier sein, und das sollten Sie ihm auch deutlich vermitteln.

Immer seitwärts stehen, wenn Sie die Rampe oder Querstange aufmachen, falls das Pferd zurückspringt.

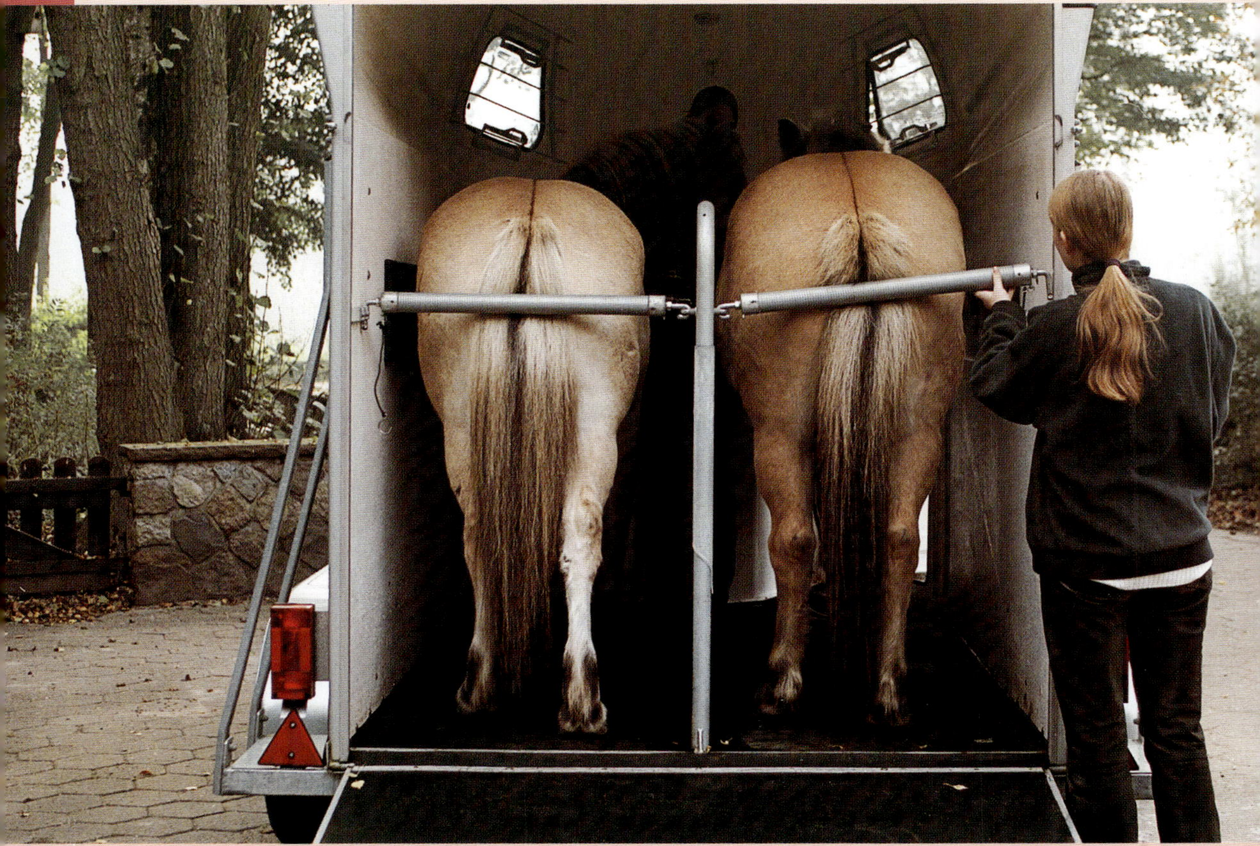

KOMPAKTES PFERDEWISSEN

Angelika Schmelzer

Pferde gymnastizieren

Dieser Band beschreibt, wie man die Durchlässigkeit fördert, sein Pferd gerade richtet und versammelt.

Broschiert, 32 Seiten, farbig
ISBN 3-86127-256-3

Angelika Schmelzer

Basispass Pferdekunde

Dieses Heft bereitet den Prüfling sicher auf die Prüfungsfragen vor.

Broschiert, 32 Seiten, farbig
ISBN 3-86127-250-4

Renate Ettl

Westernreiten

Westernreiten – locker und entspannt und in Harmonie mit dem Pferd. Es wird gezeigt, was man am Anfang alles wissen muss und wie man am besten beginnt.

Broschiert, 32 Seiten, farbig
ISBN 3-86127-247-4

Anne-Katrin Hagen

Erste Dressurübungen

Die Autorin beschreibt in diesem Ratgeber die ersten Dressurübungen, die dem Gehorsam und dem Lösen des Pferdes dienen.

Broschiert, 32 Seiten, farbig
ISBN 3-86127-258-x

CADMOS
PFERDEBÜCHER

Prospekt anfordern bei:
Cadmos Verlag GmbH • Lüner Rennbahn 14 • D-21339 Lüneb
Tel. 04131/9835 150 Fax.04131/9835 155
www.cadmos.de

Abladen

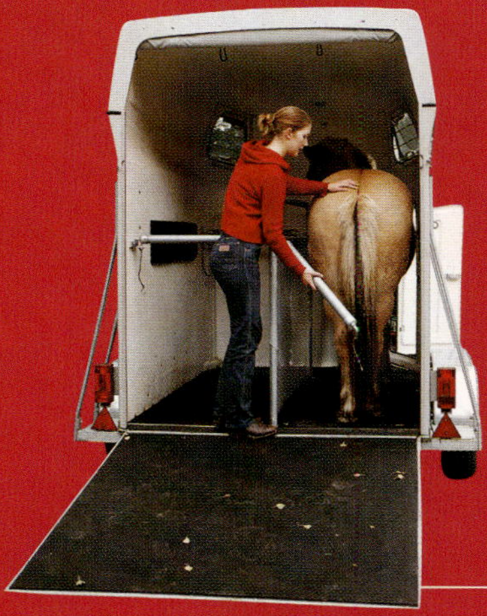

Auch hierbei gilt es, einige Regeln zu beachten. Das Pferd soll den ganzen Weg rückwärts gehen und nicht auf der Rampe umdrehen.

Es soll erst nach Aufforderung zurücktreten und nicht, sobald die Querstange entfernt ist (die man gar nicht los bekommt, wenn so ein draller Pferdepopo dagegen drückt). Deswegen lassen Sie das Pferd erst noch vorne angebunden, wenn Sie die Querstange lösen. Entfernen Sie die Pferdeäpfel, bevor Sie das Pferd entladen, denn sonst ist die Rutschgefahr recht groß.

Immer das unsichere Pferd zuerst entladen, weil es sonst im Hänger Panik bekommen kann, zurückgelassen zu werden. Und auch hier gilt: nur mit Handschuhen entladen.

Schlusswort

Die Verladeproblematik ist meistens ein Problem, das im Kopf des Menschen anfängt und sich so auf das Pferd überträgt.

Sie haben sich mit diesem Tier einen besonders sensiblen Freizeitpartner ausgesucht, der Sie sehr genau beobachtet, da er darüber seine Informationen über Sie bezieht.

Denken Sie immer daran, und hinterfragen Sie bei Problemen zuallererst Ihre eigenen Signale und Ausdrucksformen. Wenn Sie sich ganz sicher sind, alles richtig zu machen, können Sie deutliche Forderungen stellen und müssen es auch. Denn Pferde wollen und verstehen eine deutliche Sprache – aber keine ungerechte. Es fällt Ihnen kein Zacken aus der Krone, wenn Sie bei Problemen Hilfe in Anspruch nehmen. Nur, suchen Sie sich bitte Menschen aus, die im Sinne der Pferde handeln und nicht alles auf Hauruck versuchen. Es gibt sicher noch viele Methoden, ein Pferd auf den Hänger zu bekommen. Sie sollten jedoch immer für das Pferd nachvollziehbar bleiben.

Ich wünsche Ihnen viel Freude mit Ihrem Pferd und gute Fahrt!